An Binh se rebelle

AF635676

Alles Digitale zu diesem Buch kann auf der Lernplattform **allango** von Ernst Klett Sprachen abgerufen werden. So geht's:

QR-Code scannen oder **www.allango.net** aufrufen	Buchtitel oder ISBN in der Suche eingeben und auf das Buchcover klicken	Zum Inhalt navigieren, direkt abrufen oder speichern

Dieses Symbol bedeutet, dass zu einem Buch-Abschnitt ein digitaler Inhalt verfügbar ist.

Marie Gauvillé

An Binh se rebelle

Ernst Klett Sprachen
Stuttgart

1. Auflage 3 | 2026

www.klett-sprachen.de

Redaktion: Edith Michaelsen
Layoutkonzeption: Andreas Drabarek
Gestaltung und Satz: Satzkasten, Stuttgart
Umschlaggestaltung: Andreas Drabarek
Umschlagbild: 123RF.com (vclements), Nidderau
Tonaufnahmen und Schnitt: Eclair Visioning and Accessibility, Strasbourg
Sprecherin: Marine Goldwaser, Paris
Illustrationen: Sven Palmowski, Barcelona
Druck und Bindung: Salzland Druck, Staßfurt

PEFC-zertifiziert
Dieses Produkt stammt aus nachhaltig bewirtschafteten Wäldern und kontrollierten Quellen
PEFC/04-31-2251
www.pefc.de

Printed in Germany
ISBN-13: 978-3-12-591006-5

Table des matières

Die Hörfassung ist online verfügbar: Zugangshinweise findet ihr auf Seite 1 des Buches.

Vorwort

Liebe Schülerinnen und Schüler,

Lesen sollte zuallererst Spaß machen. Eine spannende Geschichte kommt aber nicht ohne einige Vokabeln aus, die ihr nach drei Jahren Französisch noch nicht kennt. Diese werden jeweils am Seitenende erläutert.

Wenn sich Jugendliche (aber auch Erwachsene) im Alltag unterhalten, wie hier z.B. An Binh und ihre Freunde, benutzen sie vorzugsweise das „français familier“, das umgangssprachliche Französisch. Das hat z. B. folgende Merkmale:

- Bei Verneinungen fällt manchmal das ne weg:
  c'est pas statt ce n'est pas
- Bei Fragen wird die Intonationsfrage bevorzugt, in welcher die Reihenfolge der Wörter die gleiche bleibt, wie bei einem Aussagesatz:
  Tu vas bien ? statt Est-ce que tu vas bien ?

Damit ihr euch aktiv mit dem Inhalt der Lektüre auseinandersetzen könnt, werden euch Aktivitäten zu jedem Kapitel der Lektüre ab S. 46 angeboten. Diese prüfen sowohl die Kompetenzen des Lese- als auch des Hörverstehens.

Die Hörfassung zur Lektüre steht euch zum Herunterladen allango zur Verfügung (s. bitte die Hinweise auf Seite 1).

Und nun viel Spaß beim Lesen und Zuhören !

Chapitre 1 : Je me présente...

Au collège, on m'appelle Julie. J'ai 14 ans. Je suis née à Paris, dans le 13e arrondissement. Je suis française.

J'aime la musique, j'aime lire, surtout les romans policiers, et j'aime aussi les cours d'allemand et d'histoire-géo. Je n'aime pas : les maths, manger à la cantine, porter des robes.

J'ai une tête, deux mains, deux pieds et dix doigts. J'ai aussi deux oreilles, un nez et une bouche. Je suis une fille comme les autres.

Je me trouve plutôt banale. Je suis pas grande, pas petite, pas grosse et pas mince, pas jolie, mais pas moche non plus.

Par contre, quand je me regarde dans un miroir, je vois que je ne suis pas vraiment banale. Et pas très française non plus. Parce qu'au-dessus de ma bouche et de mon nez un peu trop grand, les deux yeux qui me regardent sont noirs… et bridés.

Mon vrai prénom, c'est An Binh, et je suis une fille d'immigrés. Ça veut dire que mes parents, eux, ne sont pas français.

Je m'appelle An Binh Nguyen, et mes parents sont des immigrés vietnamiens.

2 un arrondissement un quartier | 6 une main Hand | 6 un doigt Finger | 7 une bouche Mund | 9 moche *fam* ≠ joli | 10 par contre jedoch, dagegen | 10 un miroir pour se regarder, se voir dedans (Spiegel) | 13 des yeux bridés *mpl* Schlitzaugen | 14 un, e immigré, e une personne qui vient d'un autre pays (Einwanderer)

Chapitre 2 : Mes parents

Mes parents sont des *boat-people*. C'est comme ça qu'on appelait les Vietnamiens qui sont arrivés en France au 20e siècle. Ils sont venus ici parce que, dans leur pays, le Vietnam, il y a eu la guerre entre le Nord et le Sud pendant très longtemps. Et après la guerre, à partir de 1975, les Vietnamiens du Nord en voulaient aux Vietnamiens du Sud, et les Vietnamiens du Sud avaient peur des Vietnamiens du Nord.

Beaucoup de gens ont préféré quitter leur pays. Mais ils étaient pauvres, très pauvres. Je veux dire, quand on quitte son pays parce qu'on a peur, ou qu'on est pauvre, ce n'est pas comme pour partir en vacances. On ne prend pas le train ou l'avion, c'est beaucoup plus compliqué. Par exemple, les Vietnamiens du Sud sont montés sur des bateaux, souvent des bateaux très petits et pas très sûrs. Leur voyage a été long et dangereux, et beaucoup sont morts sur l'océan.

Mes parents, eux, ont eu de la chance. Ils ont pu venir jusqu'en France, où ils vivent depuis 1977. Ils étaient très jeunes, mon père avait 16 ans et ma mère 14. Comme moi maintenant. Les parents de ma mère sont morts tous les deux pendant le voyage, et les parents de mon père ont rencontré ma mère sur le bateau. Elle était seule, alors ils l'ont « adoptée ». Plus tard, mes parents ne se sont pas mariés parce qu'ils étaient amoureux, ils se sont mariés parce que c'était plus pratique.

Comment est-ce que je peux décrire mes parents ? Bon, déjà, ils sont vieux. Mon père a 50 ans, et ma mère 48. Quand on lit ça, ça ne fait pas beaucoup. Mais quand on les voit tous les deux, on croit qu'ils ont au moins mille ans. Ma mère dit toujours que c'est le

---

1 boat people voir explication page 50 | **3 une guerre** Krieg | **5 en vouloir à qn** jdm etwas verübeln | **12 compliqué, e** difficile | **14 mort, e** *participe passé de* **mourir** sterben | **21 se marier** heiraten | **27 un malheur** un évènement triste

malheur qui les a fait vieillir. Le malheur de la guerre au Vietnam, le malheur de quitter leur pays, le malheur du voyage en bateau, de voir mourir des gens sur l'océan, et aussi, le malheur d'être un étranger dans le pays où on habite. C'est vrai que ça fait beaucoup de malheurs pour une seule vie.

Un jour, en sixième, on a dû faire un portrait de nos parents. Un peu comme je le fais maintenant, mais il fallait aussi parler de leurs plats préférés, de leurs films, de leurs livres et de leurs vacances préférés…

Moi, j'ai juste dessiné deux silhouettes, et j'ai eu une heure de colle parce que je n'ai rien mis dedans ou autour. Mais c'est comme ça : la vie de mes parents, c'est le travail et les enfants, et c'est tout. Ils n'ont pas de hobbys, pas d'amis, rien. Si : quelquefois, ils discutent un peu avec les voisins. Alors oui, mes parents à moi, c'est vraiment ça : deux silhouettes avec rien autour, et beaucoup de malheurs dedans. Et le malheur, c'est difficile à dessiner.

---

1 **vieillir** devenir vieux, vieille | 6 **la sixième** *entspricht der fünften Klasse in Deutschland* | 10 **avoir une heure de colle** eine Stunde nachsitzen müssen | 11 **dedans** à l'intérieur (*innen*) | 11 **autour** drum herum

Chapitre 3 : Mes frères

J'ai deux frères. Ils sont tous les deux plus grands et plus âgés que moi. Vuong a 28 ans. Il n'a pas de prénom français, il n'en veut pas. Il est marié et habite avec sa femme Kim Liên et leur petit garçon, Vinh, dans le même quartier que nous. Il travaille avec notre père dans notre épicerie asiatique. C'est un homme calme et gentil.

Sa femme aussi est vietnamienne, et elle aussi est calme et gentille. Mon frère et sa femme sont un peu comme mes parents. Pour eux aussi, le travail et la famille sont les choses les plus importantes, et ils respectent mes parents parce qu'ils sont plus vieux. Ma mère me dit toujours que Kim Liên est un bon exemple pour moi. Pas comme mon deuxième frère !

Luong préfère qu'on l'appelle Max. Il a 24 ans et il est fou ! Quand ils étaient petits, mes parents parlaient de mes frères comme du yin et du yang. Mais c'est faux. Vuong est le bien, Luong le mal ! Vuong, c'est un peu le dieu de mes parents, Max, leur diable ! Il ne veut pas travailler à l'épicerie, il veut devenir musicien ! Il joue dans un groupe avec des copains, et habite avec eux à Montmartre. Pour gagner de l'argent, il travaille comme livreur en moto le jour, et le soir, lui et son groupe jouent dans des bars. Je ne le vois pas très souvent, parce que lui et le reste de ma famille ne s'aiment pas beaucoup, je crois. Quand il vient manger à la maison, il se dispute presque toujours avec notre frère et notre père, et après, ma mère claque les portes pendant des heures, et Kim Liên regarde ses pieds sans respirer.

---

1 **âgé, âgée** → l'âge *m* (das Alter) | 5 **une épicerie** Lebensmittelladen | 13 **le yin et le yang** *zwei entgegengesetzte aber aufeinander bezogene Elemente in der chinesischen Philosophie* | 15 **un diable** Teufel | 17 **Montmartre** un célèbre quartier parisien | 18 **un, e livreur, -se** Kurier, in | 23 **claquer une porte** eine Tür zuknallen | 24 **respirer** atmen

Chapitre 4 : Mes ami.e.s

Je n'ai pas beaucoup d'amis au collège. Je ne crois pas que c'est parce que je suis la seule fille « d'origine vietnamienne » de ma classe. Je crois que c'est surtout parce que je suis très timide.

Par contre, j'ai des amis à l'Association pour l'amitié franco-vietnamienne de mon quartier. Enfin, j'ai des amiEs, parce que je vois surtout des filles. Il y a aussi des garçons, bien sûr. Mais je suis vraiment très très timide.

Dans l'association, nous apprenons beaucoup de choses sur la culture vietnamienne. C'est important, car nous sommes tous nés en France et, avec l'association, nous découvrons la culture de nos parents. Enfin, c'est aussi notre culture, bien sûr. Nous apprenons la musique et les danses traditionnelles, et surtout, nous préparons la grande fête du nouvel an chinois, la fête du Têt. Et nous avons aussi des cours d'histoire du Vietnam. Comme toutes mes amies, je parle très bien le vietnamien parce que nous le parlons toujours, à la maison, avec nos parents.

Mes amies et moi, nous nous voyons chaque mercredi, et quelquefois le samedi, quand il y a des soirées vietnamiennes, environ une fois par mois. Là, tout le monde vient avec sa famille, on mange, on danse des danses folkloriques, et nos parents discutent un peu. Même les miens viennent, c'est la seule fois où ils sortent le soir.

Comme mes amies ont la même vie que moi, on n'a pas beaucoup de choses à se raconter. Parfois, j'aimerais bien avoir des copines qui ne sont pas à l'association, pour changer. Même si elles ne sont pas vietnamiennes ! Mais ça n'est pas facile.

---

2 d'origine vietnamienne qn dont la famille vient du Vietnam | 4 une amitié une relation avec un ami, une amie | 4 franco-vietnamien, franco-vietnamienne französisch-vietnamesisch | 13 la Fête du Têt *la fête du Nouvel An chinois* | 19 environ ungefähr | 21 les miens, les miennes *pronom possessif au plur* die Meinigen/Meine (*hier:* Eltern)

Max dit toujours que, plus ça va, plus la France devient un pays communautaire, comme les États-Unis. Il dit que de plus en plus, les Noirs restent avec les Noirs, les Maghrébins avec les Maghrébins, les Blancs avec les Blancs, et les Asiatiques avec les Asiatiques. Max dit que c'est à cause de la politique et de la crise, que nous nous méfions toujours plus des gens qui sont différents. Et il dit que c'est nul, parce que nous vivons tous sur la même planète, et qu'on devrait tout partager, et pas tout séparer. Surtout si on sépare à cause de la religion ou de la couleur de la peau.

Le « communautaire » et la « politique » sont deux sujets explosifs chez nous. Quand Max me dit « Sors un peu avec des jeunes d'autres cultures, Julie ! », mon père s'énerve :

– Occupe-toi de tes affaires, jeune idiot ! Ta sœur a raison de respecter son pays et ses traditions !

– Mais son pays, c'est la France !

– Ses racines, c'est le Vietnam, et elle ne doit jamais l'oublier ! Elle et ton frère sont de bons enfants, qui obéissent à leurs parents ! Pas comme toi, qui joue de la musique de sauvages avec ces Noirs et ces Arabes !

Et c'est là qu'à chaque fois, Max et notre père crient, que Vuong devient rouge, que ma mère claque les portes, et que Kim Liên commence à regarder ses pieds. Moi, je débarrasse la table. C'est comme ça à chaque fois que Max-Luong vient manger à la maison. Pas très souvent, heureusement.

Je ne sais pas qui a raison. Bien sûr, je suis née en France, je vis en France, et je vais au collège en France. Je suis aussi française. Mais mes parents sont vietnamiens. À la maison, on mange vietnamien,

---

2 communautaire → **le communautarisme** Lebensweise, bei der man nur mit Menschen gleicher Herkunft, Traditionen und/oder Religionen leben und interagieren möchte | **3 un Maghrébin, une Maghrébine** Person aus dem Maghreb (Nordafrikanische Länder) | **6 se méfier de qn/qc** jdm/etw misstrauen | **8 partager qc** etw teilen | **8 séparer qn/qc** jdn/etw trennen | **9 une peau** Haut | **16 une racine** Wurzel | **17 obéir à qn** faire ce que qn vous dit | **18 un sauvage** Wilder | **22 débarrasser la table** den Tisch abräumen

on parle vietnamien, on travaille vietnamien. Et on vit dans le 13e, le plus grand quartier asiatique de France.

En plus, il faut défendre notre culture et tous les Asiatiques de France. Par exemple, un jour, au collège, on a vu un film sur l'équipe de France de foot qui a gagné la Coupe du Monde en 1998. Cette équipe, les Français l'ont appelée la « black blanc beur » et tout le monde était très fier parce qu'elle était comme la France, avec des Noirs, des Blancs et des Maghrébins. Par contre, il n'y avait pas d'Asiatiques ! Pas un seul ! Alors que nous sommes presque un demi-million en France ! Ils, je veux dire les fans de foot, nous avaient oubliés !

– C'est parce que nous sommes des gens discrets, a dit mon père quand j'en ai parlé à la maison.

– C'est plutôt parce qu'on est nuls au foot ! a rigolé Max.

Bien sûr, Vuong a dit que pas du tout, les Asiatiques ne sont pas nuls au foot, mon père a dit que le nul, c'est Max-Luong, et aussi la honte du Vietnam et de toute sa famille, ma mère a claqué une porte, les pieds de Kim Liên sont sortis de dessous la table, et cetera, et cetera. Comme toujours.

---

3 défendre qn/qc jdn/etw verteidigen | **5 la Coupe du Monde** *ici :* Fußballweltmeisterschaft | **6 l'Équipe black blanc beur** l'équipe française de foot de 1998, célèbre parce qu'il y avait des joueurs noirs, blancs et d'origine arabe | **7 fier, fière** stolz | **12 discret, discrète** qu'on ne remarque pas (unauffällig) | **17 une honte** Schande | **18 dessous** unter(halb) | **18 et cetera (etc.)** und so weiter (usw.)

En même temps, cette histoire de communautaire, c'est pas faux. Avant, à l'école primaire, on jouait tous les uns avec les autres. Mais au collège, tout a changé. Surtout depuis deux ans. Maintenant, les Noirs sont souvent entre eux, les Maghrébins aussi, les Blancs restent avec les Blancs… Il y a aussi une dizaine d'Asiatiques au collège, mais ils sont tous plus vieux que moi et ne me parlent pas. En plus, ils sont presque tous chinois et certains n'aiment pas les Vietnamiens et préfèrent rester entre Chinois. Alors je suis souvent seule, au collège.

Je suis seule, mais je suis une bonne fille pour mes parents.
C'est comme ça…

5 **une dizaine de** (→ dix) ungefähr zehn | 7 **certains, certaines** einige

Chapitre 5 : Mes vies

Mes parents ne sont pas très logiques.

Pour eux, je dois d'abord être une bonne Vietnamienne. Mais je dois aussi être meilleure que la meilleure des Françaises. Alors souvent, ma vie, c'est comme un grand écart. Un grand écart entre deux cultures. J'ai deux vies : une vie à la maison et dans mon quartier, et une vie au collège.

Au collège, je suis Julie, une ado française (presque) comme les autres. Je vais en cours tous les jours, sauf le samedi et le mercredi après-midi. Je mange à la cantine, parce que c'est plus pratique.

J'ai mes matières préférées, des profs que je n'aime pas, et pendant la récré, je me promène dans la cour ou je vais au CDI. Je suis une bonne élève. Je suis obligée d'être une bonne élève. Parce que, depuis que je suis toute petite, mes parents me disent :

– Tu dois travailler plus que les autres, An Binh ! Tu dois être meilleure que les Français, ou tu resteras toujours une étrangère, et personne ne te respectera !

C'est peut-être parce que nos parents ne parlent pas très bien français, et que beaucoup ne savent pas lire et écrire cette langue. Mais pour presque tous les jeunes de l'association, bien travailler à l'école est comme une loi divine. On doit tous avoir de très bonnes notes, surtout en français. Et aux soirées vietnamiennes, les parents

---

4 **un grand écart** Spagat | 7 **un, une ado** *fam* un, e adolescent, e | 11 **une récré** *fam* une récréation (Pause) | 11 **un CDI** un centre de documentation et d'information (d'une école) | 12 **être obligé, e de faire qc** etw tun müssen | 20 **une loi divine** ein göttliches Gesetz

comparent nos notes, et si les miennes sont plus mauvaises que celles de la fille des voisins, mon père me fait la tête pendant tout le week-end.

Je ne dois pas me faire remarquer. Je veux dire, au collège, je m'habille comme une ado française, je ne dois pas utiliser mon prénom vietnamien, et je ne dois jamais, jamais parler vietnamien, même avec les autres Vietnamiens du collège.

– Nous devons être discrets, dit toujours mon père. Si les Français pensent que nous sommes trop différents, ils vont avoir peur de nous !

Alors deux fois par an, ma mère m'achète des vêtements français. Pour elle, ce n'est pas facile, parce qu'elle les trouve très moches, les vêtements français. Même ceux « made in China » ! Elle m'achète toujours les moins chers, et les moins « vulgaires ».

Ça, c'est ma vie numéro deux. Ma vie numéro un, c'est à la maison et dans mon quartier.

Nous vivons dans un quartier qu'on appelle le quartier chinois de Paris. C'est dans le 13e arrondissement, métro Porte d'Ivry. Il y a d'autres quartiers chinois dans la capitale, comme Belleville, dans le 20e, et un plus petit dans le 3e arrondissement. Mais c'est dans le 13e qu'il y a le plus d'Asiatiques.

On l'appelle quartier chinois, mais c'est un quartier asiatique. Les Européens ne voient pas la différence, mais dans mon quartier, il y a des Vietnamiens et des Chinois, mais aussi des Cambodgiens,

1 **comparer qc à qc** etw mit etw vergleichen | 4 **se faire remarquer** auffallen | 5 **s'habiller** mettre des vêtements | 5 **utiliser** benutzen

des Thaïlandais… Nous ne venons pas des mêmes pays, mais nous avons tous les yeux bridés. Alors pour des gens comme mes parents, c'est facile d'être discrets : ils restent avec des gens qui leur ressemblent, et hop ! Ni vu ni connu ! Quand ils doivent sortir du quartier, c'est plus difficile. Deux Asiatiques avec tous ces Européens, ce n'est pas très discret. Alors pour ne pas se faire remarquer, mon père devient encore plus petit, et ma mère regarde le trottoir. Moi, je crois qu'ils veulent tellement être discrets que tout le monde les remarque !

Une bonne Vietnamienne ne se fait pas remarquer, c'est comme ça. Mon père me le répète chaque jour. Mais pour moi, ce n'est vraiment pas facile.

Déjà, je suis la seule Asiatique de ma classe. Si j'étais, je sais pas moi, anglaise, ou italienne, ou allemande, je pourrais être discrète. Mais être asiatique, c'est avoir une tête d'Asiatique. Et ça, c'est très différent d'une tête européenne. Et pas très discret.

Je ne sais pas trop pourquoi ils veulent être si discrets. Et pourquoi moi, je dois être comme invisible. Je suis née en France, et j'ai le droit d'être comme tout le monde, non ? Mais je ne veux pas décevoir mes parents. Alors je les respecte et je leur obéis. Je fais ce que je peux, même si ça n'est pas toujours facile.

Ici, je dois être An Binh, « celle qui aime la paix ». Une bonne jeune fille vietnamienne. À la maison, je parle vietnamien, je porte la robe traditionnelle du Vietnam, et je mange vietnamien. J'obéis à mes parents. Toujours. Après les cours, je dois faire mes devoirs, aider mes parents à l'épicerie, rester avec mon neveu quand sa maman travaille, et le mercredi : aller à l'association.

---

4 ressembler à qn jdm ähneln | **4 ni vu ni connu !** *fam* Und keiner hat's gesehen! | **8 tellement** so sehr, dermaßen | **18 invisible** qu'on ne voit pas | **20 décevoir** enttäuschen | **22 la paix** ≠ la guerre | **26 un neveu** le fils d'un frère, d'une sœur

Pour moi, pas de shopping, pas de sport, pas de ciné le samedi. Parce que, un samedi par mois, il y a la soirée vietnamienne de l'association. Ça veut dire que toute la journée, on prépare la soirée, on décore la salle, on fait des salades vietnamiennes... Et le soir, je danse devant les familles avec les autres jeunes. Et c'est pareil pour toutes les filles vietnamiennes de l'association.

Quand il n'y a pas de soirée, je dois rester à la maison le samedi. Le dimanche, il y a un grand repas de famille. Ça veut dire que c'est comme toujours, mais qu'on mange plus parce qu'on a préparé beaucoup de plats. Moi, le samedi, je fais la cuisine toute la journée avec ma mère et Kim Liên. Je fais surtout les nems, et ma mère est très fière parce que mes nems sont toujours très beaux.

En fait, c'est parce que je vais au collège que je sais que je suis en France. Parce que dans mon quartier, j'ai souvent l'impression de vivre au Vietnam. Enfin, j'imagine que le Vietnam, c'est un peu comme mon quartier, avec beaucoup d'Asiatiques, beaucoup de maisons décorées, de magasins où on trouve des produits d'Asie… Pour mes parents, c'est peut-être bien, comme ça, mais en même temps, c'est comme s'ils n'étaient jamais montés sur un petit bateau. Comme s'ils n'avaient jamais risqué leur vie pour s'enfuir…

---

1 un ciné *fam* un cinéma | **11 un nem** Frühlingsrolle | **20 risquer sa vie** sich in Lebensgefahr begeben | **21 s'enfuir** fliehen, flüchten

Chapitre 6 : L'exposé

Lundi, en cours d'histoire-géo

– Bonjour les enfants ! Alors ? Vous allez bien ? Vous avez passé un bon week-end ?

Monsieur Dunol est notre prof depuis la 6e. C'est pour ça qu'il nous appelle encore « les enfants » : il nous connaît depuis trois ans. Comme nous savons qu'il nous aime bien, et comme nous l'aimons bien aussi, on ne dit rien quand il nous appelle comme ça.

– Bon, alors comme je vous l'ai dit à la rentrée, cette année, nous allons travailler sur les guerres du 20e siècle, et étudier aussi l'histoire des différentes vagues d'immigration en France. Mais d'abord, qui sait quelles guerres il y a eu dans le monde au 20e siècle ? Oui ? Pierre ?

– La Deuxième Guerre mondiale, m'sieur !

– Oui, très bien. Et en quelle année est-ce que c'était ? Tu le sais, Pierre ?

– Euh, non m'sieur. Mais, euh… après la première en tout cas !

– Bravo Pierre ! Belle déduction ! Qui en connaît d'autres, des guerres ?

– La guerre d'Algérie m'sieur !

– Oui, exact, la guerre d'Algérie. Qui connaît les dates, et la raison de cette guerre ?

– C'était dans les années 50, monsieur. Mon grand-père, il y était, il était soldat ! Il m'a raconté que l'Algérie, c'était une colonie française, et que les Algériens, ils voulaient être libres. Mais les Français, eux, ils ne voulaient pas !

---

10 une vague d'immigration Einwanderungswelle | 13 mondial, e → le monde | 16 en tout cas jedenfalls | 17 une déduction Schlussfolgerung

– Oui, c'est à peu près ça. On en reparlera plus tard. Allez, encore une ! Oui ? Farid ?

– Le truc là, avec la Russie et les autres, les Chéchènes.

– Pas les Chéchènes, Farid, les Tchétchènes ! Mais c'est vrai, il y a eu des conflits en Russie. D'autres guerres ?

– Encore des guerres ? C'est pas assez, m'sieur ?

– Malheureusement, ce ne sont pas les seules guerres du 20e siècle. Cherchez encore !

– Ah oui ! Y'a eu la guerre du Vietnam, monsieur !

– Exact. Et ?

– Ah oui ! La guerre de Yougoslavie !

– Encore exact. Bon, il y en a eu d'autres, mais ça suffit pour l'instant. Cette année, nous allons essayer de comprendre pourquoi il y a eu ces guerres, comment elles sont reliées entre elles, et comment elles expliquent en partie les migrations. Pour cela nous… Oui, Manon ?

– Y'a eu aussi des guerres en Afrique, m'sieur ! C'est pour ça qu'il y a plein d'Africains à Paris !

– Mais non ! T'es nulle ! Les Africains, ils viennent ici parce que chez eux, ils sont pauvres !

– C'est toi le nul ! C'est…

– Stop, stop, calmez-vous, les enfants. D'abord, l'Afrique, ce n'est pas un pays, c'est un continent où il y a beaucoup de pays différents. Et vous avez raison tous les deux : dans certains pays, il y a la guerre, et dans d'autres, les gens sont surtout pauvres. Mais nous verrons tout ça cette année. Pour aujourd'hui, je veux vous donner les sujets. Vous allez travailler sur une guerre et ses différents aspects. Alors, qui veut faire quoi ? Julie, quand on a un nom vietnamien comme toi… J'imagine que tu veux travailler sur le Vietnam ?

---

3 **la Russie** Russland | 13 **essayer** probieren, versuchen | 14 **être relié entre** miteinander zusammenhängen | 22 **Calmez-vous !** Beruhigt euch!

Je crois que c'est là que tout a vraiment commencé : un lundi matin, en cours d'histoire-géo.

Je ne sais pas si vous me comprenez : je vis dans un quartier asiatique avec des centaines de Vietnamiens, chez des parents vietnamiens qui ont une épicerie vietnamienne, dans un appartement décoré avec des objets vietnamiens et où on mange de la cuisine vietnamienne pendant que nous parlons vietnamien, et le seul temps libre que j'ai, après l'école, les devoirs et le travail à l'épicerie, je le passe à l'association… vietnamienne. Et donc, le Vietnam, je connais. Je connais par cœur. Je connais tellement bien que, quand monsieur Dunol m'a dit « Julie, j'imagine que tu veux travailler sur le Vietnam ? », j'ai cru que le Vietnam, j'allais le vomir par terre ! Encore le Vietnam ! Toujours le Vietnam ! Partout le Vietnam ! Mais moi, si j'aime aller à l'école, c'est aussi pour faire autre chose que toujours le Vietnam !

J'aime le Vietnam, même si je n'y suis jamais allée, je respecte mes parents, les traditions de mes parents, les vœux de mes parents, mais de temps en temps, j'aimerais avoir une petite pause et faire autre chose que du Vietnam, encore du Vietnam, toujours du Vietnam !

Alors pour la première fois de ma vie, j'ai fait quelque chose que je n'avais encore jamais fait : j'ai dit « non » à un prof !

J'ai dit avec une toute petite voix :

---

4 **une centaine de personnes** environ cent (100) personnes | 12 **vomir par terre** *fam* auf den Boden spucken | 17 **un vœu, des vœux** Wunsch | 23 **une voix** Stimme

– Excusez-moi monsieur, mais je préfère travailler sur la guerre d'Algérie, je crois.

Manon, qui est assise à côté de moi, m'a regardée avec des grands yeux. Normal : d'habitude, je parle seulement pour répondre aux questions… ou pour dire oui.

Monsieur Dunol aussi a eu l'air surpris.

– Ah bon ? Euh, bien, bien, d'accord, comme tu veux. Donc, je te note pour la guerre d'Algérie, ça marche. Tu travailleras en groupe avec… Qui veut travailler sur l'Algérie ? Brahim ? D'accord. Ta famille vient d'Algérie, hein, Brahim ?

– Non m'sieur, du Maroc. Du coup, j'ai jamais trop bien compris ce truc de la guerre d'Algérie.

– Ah bon, très bien, alors c'est d'accord. Bon, ensuite…

---

3 être assis, e sitzen | **4 d'habitude** *f* normalement, en général | **6 avoir l'air surpris, e** überrascht aussehen | **11 du coup** *fam* daher

Chapitre 7 : Des sushis ?

Mercredi matin, en cours de français

Monsieur Samouar est un jeune prof. Cette année, il a pris la place de madame Guarat qui va avoir un bébé. Nous sommes sa première classe, je crois. Il est très jeune, ça, c'est sûr.

Dans la classe, personne ne l'aime.

La semaine dernière, par exemple, on a eu la première interro avec lui. Et c'est là qu'il a fait la blague la plus bête du mois, non : la plus bête de l'année. Il m'a dit :

– Julie, vous aurez des bonnes notes seulement si vous travaillez bien ! Pas besoin de me faire des sushis ! J'adore les sushis, mais on ne peut pas m'acheter ! Ahaha !

J'ai dit :

– Ça tombe bien. Je déteste les sushis.

– Ah… Euh… Ah bon ? Mais… c'est bizarre pour une Japonaise, non ?

Tout le monde me regardait, Farid et Simon rigolaient derrière leurs cahiers. Je ne sais pas pourquoi, mais soudain, j'ai eu de l'humour :

– Pour une Japonaise, c'est très bizarre, en effet. Mais pour une Vietnamienne, c'est normal, monsieur.

Monsieur Samouar est devenu tout rouge, et on a entendu des élèves qui essayaient de ne pas rigoler. Depuis, monsieur Samouar m'appelle toujours « mademoiselle Nguyen » et on entend qu'il met une majuscule à mon nom. Peut-être pour ne pas oublier que tous les Asiatiques ne mangent pas du poisson cru.

---

2 **un bébé** un petit enfant | 5 **une interro** une interrogation, un test en classe | 6 **une blague** Witz | 16 **soudain** tout à coup | 18 **en effet** tatsächlich | 23 **une majuscule** Großbuchstabe | 24 **cru, e** roh

Il y a aussi toutes les fois où les gens me regardent et me parlent bizarrement, dans la rue. Les fois où les gens m'évitent et changent de trottoir. Les fois où j'entends : « Hé ! Regarde la jaune ! », ou encore : « Tiens ! Une fille citron ! ». Ou, comme une fois avec Max : « Sales Chinetoques ! C'est vous qui nous volez notre travail ! ».

Quand j'étais plus petite, ça n'arrivait jamais, je crois. Mais peut-être que, comme je deviens plus grande, on me voit mieux, on me remarque plus, à cause de ma taille. Et ça, je ne peux pas l'éviter. Je ne peux pas devenir invisible !

Et puis : pourquoi c'est moi qui doit être discrète ? Pourquoi c'est pas les idiots qui doivent avoir honte ?

3 un trottoir Gehweg, Bürgersteig | **5 un, e Chinetoque** *péj* un,e Chinois,e | **11 avoir honte** sich schämen

Chapitre 8 : Avec Max

Mercredi, après les cours

– Et encore, t'as de la chance !

Aujourd'hui, Max est venu me chercher au collège. Il fait ça, de temps en temps. Il vient au collège, et il marche un peu avec moi jusqu'à la station de métro. Ou jusque dans la rue où il y a l'épicerie de nos parents. Jamais plus loin. Je ne sais pas pourquoi il vient. Mais c'est mieux que quand il vient à la maison, parce qu'il ne peut pas se disputer avec notre père ! Quand on marche, il me raconte un peu sa vie. Une fois, il m'a donné un CD de son groupe, et un jour, il m'a raccompagnée à la maison en moto ! Je ne l'ai jamais dit à mes parents, bien sûr…

– Ah bon ? Et pourquoi j'ai de la chance ?

Je venais de lui raconter l'histoire de l'exposé, et aussi que, de plus en plus, j'ai l'impression d'être une étrangère en France. Mais ça, c'est parce que les gens et aussi mes parents me donnent l'impression d'être une étrangère. Moi, je suis française !

– T'as de la chance parce que tu es une fille. Pour les garçons, c'est encore plus nul.

– Pffff… Tu parles !

– Si ! Crois-moi ! Pour les garçons, c'est pire, surtout pour les Maghrébins et les Noirs ! Eux, on croit toujours que ce sont des voleurs et des paresseux !

– Ah bon ? Même tes copains ?

– Bien sûr ! Quand on est ensemble dans la rue, souvent, ce sont eux qu'on insulte. Moi, on ne me voit pas !

– C'est parce que nous, les Asiatiques, nous sommes des gens discrets !

---

7 se disputer avec qn mit jdm streiten | **9 raccompagner qn à la maison** aller avec qn jusqu'à sa maison | **13 avoir l'impression de faire qc** das Gefühl haben etw zu tun | **19 pire** ≠ mieux | **21 un paresseux, une paresseuse** une personne qui n'aime pas travailler | **24 insulter qn** jdn beleidigen

J'ai dit ça avec la voix de mon père, et on a ri, Max et moi. C'est drôle, mais mon frère est plutôt sympa quand on est seul avec lui. À la maison, souvent, il provoque tout le monde, et ça finit en dispute. C'est nul.

– Mais ça, Max, ce sont les racistes qui insultent les gens ! Des personnes qui n'aiment pas les étrangers, ou les immigrés, ou les enfants des immigrés ! Mais les profs, ils n'ont pas le droit d'être racistes ! À l'école, on doit être protégés des idiots !

Max a souri.

– Malheureusement, il n'y a pas de lois pour interdire aux gens d'être bêtes, petite sœur !

– Mais les profs ont fait des études ! Quand on fait des études, on est intelligent ! Et quand on est intelligent, on n'est pas raciste !

Max a ri.

– Si tous les gens qui font des études sont intelligents, alors moi, je suis Michael Jackson ! Non, sérieusement Julie, toi, tu dois savoir ça : c'est pas parce que t'es noir que t'es un voleur, c'est pas parce que t'as fait des études que t'es pas raciste, et ce n'est pas parce que t'as les yeux bridés que tu aimes les sushis ! En plus…

Nous arrivions dans ma rue.

– … En plus, ce que tu me dis sur tes profs, c'est pas vraiment du racisme. Regarde, ton monsieur Dunol, il est raciste ?

– Non.

– Et monsieur Samouar ?

8 **être protégé, e** beschützt werden | 12 **faire des études** studieren | 16 **sérieusement** ernsthaft

– Non plus. Enfin, pas vraiment. Mais il est bizarre avec nous.

– Ça, d'accord. Mais plus que du racisme, ce sont souvent de la bêtise, des préjugés, des clichés, ou de la peur. Ou un manque de tact et d'expérience… Les gens ne savent pas comment parler à ceux qui sont différents.

– De la peur ? De l'expérience ?! Max ! Je suis une fille de 14 ans ! Pas un animal dangereux !

– Ah bon ? Et moi ? Tu me trouves dangereux ?

– Toi ? Non ! Bien sûr que non ! Un peu fou, mais pas dangereux !

– Mais quand je viens manger avec la famille, nos parents et notre frère ne savent pas comment parler avec moi. Ils me mordent parce que je suis différent. Ils ont peur de moi. Ils ont des préjugés sur les musiciens, et aussi sur mes amis. Mais ils ne connaissent pas ma musique, et ils ne connaissent pas mes amis, non plus !

De nouveau, j'ai pris la voix de notre père :

– Tu dois être plus discret, Luong ! Tu ne dois pas te faire remarquer quand tu viens à la maison ! Chez les Asiatiques, c'est comme ça !

Max a ri.

– Et bien ! Je préfère encore manger du poisson cru et ne pas être discret. Mais dis-moi, petite sœur, tu sais que tu deviens drôle, avec l'âge ?

Ça m'a fait plaisir. D'habitude, on me dit que je suis obéissante, sérieuse, ou que je suis une bonne élève, ou que mes nems sont très bien faits, mais drôle… C'est la première fois !

Et c'est peut-être vrai, Max a peut-être raison : finalement, mes parents aussi ont des préjugés. Ils aiment seulement ce qui est vietnamien, les gens qui sont comme eux, et c'est tout.

---

2 **la bêtise** Dummheit | 4 **l'expérience** *f* Erfahrung | 11 **mordre** qn jdn beißen | 23 **faire plaisir à qn** jdm eine Freude machen | 23 **obéissant, obéissante** qui obéit | 27 **un préjugé** Vorurteil

Chapitre 9 : Une bonne et une moins bonne nouvelle

Ce qui est bien, c'est que depuis que j'ai dit « non » à monsieur Dunol, Manon me trouve sympa. À la récré, elle est restée avec moi. Elle m'a dit :

– Tu as eu raison de dire non ! Dunol, il veut toujours tout décider à notre place ! On dirait un père du Moyen Âge !

On a rigolé, et puis on a discuté pendant toute la récré, et le midi à la cantine. Le soir, après les cours, elle m'a dit :

– Finalement, tu es plutôt sympa !

– Ça te surprend ?

– Ben, un peu !

– Pourquoi ?

– Parce qu'avec vous, les Asiatiques, on ne sait jamais qui vous êtes vraiment ! Vous êtes toujours tellement discrets ! On ne sait jamais si vous êtes sympas ou non, mais en même temps, on se méfie des gens qui ne parlent jamais !

Là, c'est moi qui ai été surprise ! Mon père dit toujours :

– Être discret, ne pas se faire remarquer, c'est être sûr que personne ne pensera du mal de vous !

Et finalement, il a tort. C'est dingue.

Peut-être que je vais avoir une nouvelle amie… parce que je me suis fait remarquer !

Bref, quand je suis rentrée à la maison aujourd'hui, j'étais de bonne humeur. Être avec quelqu'un pendant la récré, c'est super bien et finalement, Max est très sympa ! J'ai fait mes devoirs, puis j'ai nettoyé la cuisine, et préparé le repas du soir, comme d'habitude. En fait, tout était comme toujours : collège, devoirs, cuisine.

---

5 le Moyen Âge Mittelalter | 19 avoir tort ≠ avoir raison | 25 nettoyer qc etw putzen

Ma famille est rentrée de l'épicerie. Ma mère a dit :

– Tu as encore oublié de nettoyer sous les poubelles, An Binh !

Mon frère a dit :

– An Binh, demain, tu dois aller chercher Vinh à l'école. Moi, je suis à l'épicerie, et Kim Liên a rendez-vous chez le médecin ! Tu feras le dîner de ton neveu, et tu resteras avec lui jusqu'à mon retour !

Mon père m'a demandé :

– Tu as fini tes devoirs ? Tu as travaillé pour ton interro de maths ? Alors, après le repas, tu vas m'aider.

Soudain, je me suis sentie très fatiguée.

Vuong et Kim Liên, eux, étaient joyeux. C'était bizarre. Ils se regardaient tout le temps, et ma belle-sœur riait sans raison. Quand tout le monde a été assis, Vuong s'est levé. Il a salué ma mère, puis mon père. Kim Liên riait toujours.

– Père, mère. Ma chère femme Kim Liên et moi, nous avons une bonne nouvelle pour la famille ! Nous voulions attendre le rendez-vous chez le médecin pour le dire, mais bon… Alors voilà : dans cinq mois, vous serez grands-parents pour la deuxième fois !

Et là, mon frère et sa femme sont devenus rouges, tous les deux. Mes parents sont restés comme toujours, très calmes. Mais ils avaient les larmes aux yeux, on voyait qu'ils étaient heureux. Vinh, lui, criait :

– Je vais avoir un bébé ! Je vais avoir un bébé !

Mes parents ont embrassé Kim Liên et Vuong et les ont félicités. Vuong a ouvert une bouteille de champagne, et même moi, j'ai eu un verre ! J'étais contente pour eux, et pour mes parents qui adorent les enfants. Tout allait bien. Et là, Vuong m'a regardée et a dit :

---

7 un retour ≠ un départ | **11 soudain** tout à coup | **12 joyeux, joyeuse** ≠ triste | **14 saluer qn** *ici :* sich vor jdm verbeugen | **22 avoir les larmes aux yeux** pleurer un peu | **25 féliciter qn** jdn beglückwünschen

– Tu es contente, An Binh ? Tu vas pouvoir aider Kim Liên avec le bébé ! Tu pourras aussi t'occuper plus souvent de Vinh, comme ça, Kim Liên aura plus de temps pour le petit !

Alors j'ai vu le film de ma vie :

Moi, en France, mais toujours avec la famille ! Toujours avec des Vietnamiens ! Et toujours à travailler, travailler, et encore travailler. Un cauchemar…

Moi, tout ce que je veux, c'est vivre comme une ado normale, faire du shopping avec des copines, aller au ciné, et faire autre chose que travailler, faire les devoirs, et m'occuper des enfants des autres ! Sauf si on me paye pour ça !

Tout le monde était heureux. Normal : pour mes parents, pour mon frère et pour ma belle-sœur, la vie, c'est ça : la famille, les repas, le travail, les bébés. Mais leur bonheur à eux, c'est mon malheur à moi.

Je veux bien faire plaisir à ma famille, mais pas tout le temps !

7 **un cauchemar** un mauvais rêve | 13 **une belle-sœur** *ici :* la femme du frère | 14 **le bonheur** Glück

Chapitre 10 : Être une fille vietnamienne

Deux mois plus tard

Vuong et Kim Liên vont avoir une fille. Hier soir ma belle-sœur a pleuré toute la soirée après son rendez-vous chez le médecin. Mon frère n'a pas parlé pendant tout le repas, mon père non plus, et ma mère a soupiré pendant des heures. Au début, j'ai fait comme tout le monde, et j'ai été triste. Et puis, j'ai réfléchi, et je n'ai pas compris cette ambiance, comme si quelqu'un était mort. C'est vrai : une fille, c'est bien non ? Moi, je suis contente. J'ai demandé à Kim Liên :

– Dis, pourquoi est-ce que tu pleures ? Le médecin a dit quelque chose ? Le bébé va mal ?

– Non, le bébé va bien ! Mais je suis tellement déçue ! Tellement, tellement déçue !

Mon frère et mes parents ont fait « oui oui, nous aussi » avec la tête.

J'ai demandé à ma mère :

– Toi aussi, tu as été déçue quand je suis née ?

Et elle a répondu :

– Bien sûr ! Qu'est-ce que tu crois ?

– Mais pourquoi ?

Mon frère a dit :

– Parce qu'une fille, c'est cher et ça ne sert à rien !

Il avait l'air déçu… et méchant. Je ne l'avais jamais vu comme ça.

De temps en temps, il regardait nos parents, comme s'il voulait s'excuser, comme si c'est lui qui les avait déçus !

– Pourquoi une fille ça … ? Comment tu peux dire ça ?

---

4 **soupirer** seufzen, stöhnen | 11 **être déçu, déçue** enttäuscht sein | 21 **ne servir à rien** zu nichts zu gebrauchen sein | 22 **méchant, méchante** ≠ gentil, gentille

Je ne comprenais pas. MOI je suis chère ? MOI je ne sers à rien ?!! J'ai dit :

– Je fais plein de choses ici ! J'aide notre mère, j'aide ta femme ! Je travaille à l'école ! Je travaille à l'épicerie ! Je...

Vuong m'a interrompue.

– C'est normal. Les enfants doivent respecter et aider les parents. Mais plus tard, notre famille va devoir payer très cher pour te trouver un mari, et c'est aussi la famille de la femme qui paye le mariage ! Et après, la femme va vivre avec son mari, et les parents de la femme n'ont plus rien, plus d'argent, et plus de fille pour les aider !

Il a répété :

– C'est pour ça que les filles, c'est cher et ça ne sert à rien !

Kim Liên a pleuré encore plus fort.

Je ne comprenais toujours pas. Mais tout le monde était tellement déçu et triste ! J'ai voulu les consoler.

– Ne vous en faites pas ! Moi, je veux devenir prof, et je pourrai payer mon mariage ! Et puis, je ne suis pas obligée de me marier !

Tout le monde a levé la tête et on m'a regardée comme si j'étais folle.

– TU N'ES PAS OBLIGÉE DE QUOI ?!

– Euh, de me marier, père ! Je ne suis pas obligée de me marier ! Aujourd'hui, en Europe, les gens vivent ensemble et ...

– TU ES VIETNAMIENNE, ET TU FERAS CE QUE TON PÈRE TE DIT ! a crié mon père. ET TON PÈRE TE DIT QUE TU VAS TE MARIER ! AVEC UN VIETNAMIEN !

C'était la première fois de ma vie qu'il criait comme ça. J'étais tellement choquée, je n'ai plus rien dit.

5 **interrompre qn** jdn unterbrechen | 8 **un mariage** Hochzeit | 16 **consoler qn** jdn trösten

Chapitre 11 : L'échange

Un mardi, 12 h 30, à la cantine

– Tu vas y aller, toi ?

– Bien sûr ! Et toi ?

– Moi aussi ! C'est trop cool !

Manon et moi mangeons à la cantine avec Naïma, Marco et Simon.

Manon et moi, on est les meilleures copines du monde maintenant, et au collège, je suis beaucoup moins discrète ! Du coup, les autres élèves m'aiment bien aussi, et j'ai plein de copains ! Avec eux, on rit tout le temps !

Bref, ce matin, madame Schöne, la prof d'allemand, nous a annoncé une bonne nouvelle : on va partir au Maroc ! Elle nous a expliqué :

– L'Office Franco-Allemand pour la Jeunesse aide les profs à organiser des échanges entre des collégiens de France, d'Allemagne et du Maghreb. Alors, si vous et vos parents êtes d'accord, nous partirons d'abord au Maroc, rencontrer des jeunes de votre âge, des Allemands et des Marocains, puis, dans deux mois nous allons en Allemagne, avec les mêmes jeunes, et enfin, en mai, tout le monde vient en France, et vous pourrez présenter votre pays à vos nouveaux amis ! Qu'est-ce que vous en pensez ?

Mohammed a dit :

– Bof, moi, les Arabes, j'en ai plein dans mon appart ! C'est pas la peine d'aller au Maroc pour les rencontrer !

Fanny a demandé :

---

13 **L'Office Franco-Allemand pour la Jeunesse** Deutsch-Französisches Jugendwerk | 14 **un échange** Austausch | 15 **le Maghreb** *ici :* la Tunisie, l'Algérie, le Maroc, pays situés en Afrique du Nord | 22 **un appart** *fam* → appartement | 22 **c'est pas la peine de faire qc** es lohnt sich nicht etw zu tun

– Madame, on peut pas plutôt partir en Afrique ? Mon père, il vient du Mali, mais je n'y suis jamais allée et…

– Ouais ! En Afrique ! Mais au Sénégal, madame ! Comme ça, ma mère, elle peut venir avec nous ! Ça fait deux ans qu'elle n'a pas vu sa famille !

– Et on peut pas aller à Londres, madame ? C'est plus cool que l'Allemagne, Londres !

On était tous super contents !

Moi, je trouve ça génial ! Je ne suis jamais sortie de Paris, alors DEUX voyages !!! C'est trop top ! Trop trop top ! Donc, quand Manon me demande « Tu vas y aller, toi ? », je réponds :

– Bien sûr !

Par contre, Naïma a l'air triste.

– Moi, je ne sais pas encore. Mon père est très sévère, il va sûrement dire non.

– Ah bon ? Et pourquoi ?

– Je ne sais pas. Mais je n'ai jamais le droit de sortir avec des copines. Alors un voyage…

– Oui mais là, c'est avec l'école !

– Oui, peut-être qu'il sera d'accord. Mais je dois d'abord lui demander…

13 **avoir l'air triste** traurig aussehen | 14 **sévère** streng

Chapitre 12 : Un point, c'est tout !

Le mardi soir à la maison

– C'est non !

– Hein ?

– C'est non, An Binh !

J'avais oublié un détail : moi aussi, je dois d'abord demander à mon père pour le voyage. Et il ne veut pas.

– Mais pourquoi, père ? Pourquoi ?

Je n'en reviens pas !

– Parce que ! Une jeune fille ne voyage pas sans ses parents ! C'est tout !

– Mais père ! C'est un voyage du collège ! Tout le monde y va ! Si je suis la seule qui ne part pas, je vais me faire remarquer ! Ce n'est pas très discret, d'être la seule élève de la classe qui reste à la maison !

– Ça m'est égal ! Au Vietnam, les enfants restent chez eux, avec leurs parents ! C'est là, la place des enfants : avec les parents !

– Mais père ! Nous sommes en France ! Au 21e siècle ! Les filles voyagent comme les garçons ! Et en plus, toutes les 3e du collège font un voyage à l'étranger et…

– C'est non, An Binh, n'insiste pas ! Tu resteras ici, et quand ta classe sera partie, tu viendras travailler à l'épicerie ! Un point, c'est tout !

---

7 **Je n'en reviens pas !** Ich kann es nicht fassen! | 18 **l'étranger** *m* Ausland | 19 **insister** beharren | 20 **Un point c'est tout !** Und damit basta!

Un jour, j'ai lu que, quand votre mort arrive, vous voyez toute votre vie dans votre tête ! C'est un peu ce qui se passe pour moi : le « non » de mon père, c'est la mort de mon rêve de voyage, et je vois toute ma vie dans ma tête, mon passé, et surtout, mon avenir ! Du travail, du travail, les enfants de mon frère, du travail, et plus tard, un mari, et encore du travail avec mes enfants à moi ! Au secours !

– C'est trop injuste, père ! Je travaille tout le temps, déjà ! Et un voyage avec le collège, c'est aussi du travail ! On va apprendre des choses sur l'Europe, sur l'Afrique, sur les autres cultures et l'histoire et…

– An Binh…

La voix de mon père change. Déjà, il est tout rouge, comme quand il se dispute avec Max.

– Et comment je peux être meilleure que les autres, ou aussi bonne, si je n'ai pas les mêmes chances ! Les vrais Français ne m'accepteront jamais si vous m'obligez à rester différente ! Même mes profs ne comprennent pas que je ne suis pas seulement une Vietnamienne ! Que je suis aussi une fille comme les autres ! Mais c'est normal, puisque mes parents m'empêchent de vivre comme les autres ! À CAUSE DE VOUS, JE RESTERAI TOUJOURS UNE ÉTRANGÈRE DANS LE PAYS OÙ JE SUIS NÉE !!!!

Je ne reconnais plus ma voix. C'est fou ! Moi, An Binh, « celle qui aime la paix », je crie avec mon père !

– AN BINH !

Mon père est encore plus rouge, mais ça m'est égal.

– Et puis d'abord, pourquoi vous êtes partis du Vietnam, si c'est pour y rester dans vos têtes, hein ?

Je pars, et je claque la porte derrière moi.

---

4 **un passé** ≠ avenir | 7 **injuste** ≠ juste | 16 **obliger qn à faire qc** jdn zwingen etw zu tun | 19 **puisque** da, weil | 19 **empêcher qn de faire qc** jdn daran hindern etw zu tun

Chapitre 13 : Le club des jeunes rebelles

Le même mardi soir, chez Max

– Bravo, Julie ! Je suis fier de toi !

Max m'a fait un chocolat chaud, pour me calmer. Je suis trop, trop énervée !

– Fier ? Maman a raison Max : tu es vraiment fou !

Nous sommes assis dans sa cuisine, Max, deux copains à lui, et moi. C'est la première fois que je viens chez lui. Je suis vraiment trop, trop énervée.

– Oui, tu es vraiment fou ! Max, j'ai crié ! Avec père ! Je suis partie, j'ai désobéi, je n'ai pas respecté son avis, je ne peux plus rentrer à la maison, plus jamais jamais, parce que notre père va me tuer ! Et toi, tu es fier de moi ?

– J'ai dit : je suis fier ! Je n'ai pas dit : tout va bien ! Parce que c'est clair, maintenant, tu es une vraie rebelle ! Et tu as un gros, gros problème…

– Bienvenue au club !

C'est un de ses copains qui a dit ça. Tout le monde rigole… sauf moi.

– Quel club ?

– Le club des jeunes rebelles ! répond mon frère. Ici, c'est un peu leur maison ! Je vais te présenter tes nouveaux amis, chère petite sœur !

Mon frère m'énerve un peu. Ma situation est grave, mais lui, il rigole ! Et ses copains aussi ! Mon père a peut-être raison : les musiciens sont tous des idiots !

Max continue son discours.

---

1 fier, fière de qn/qc auf etw/jdn stolz sein | 9 désobéir ≠ obéir | 11 tuer qn jdn umbringen | 25 un discours Rede

– Alors, voici Fred, qui joue de la guitare dans notre groupe. Ses parents viennent du Sénégal. Fred devait travailler avec son oncle après l'école, et envoyer tout son argent à la famille en Afrique. À 18 ans, il a dû se marier avec une cousine. Finalement, il s'est enfui et a tout quitté. Lui, c'est Farid, d'origine algérienne. Ses parents sont très sévères et pour eux, la musique américaine, le rock, c'est une invention du diable ! C'est notre bassiste, alors tu imagines ! Sa copine s'appelle Maria, ses parents sont des immigrés portugais, et ils voulaient qu'elle se marie avec un Portugais, comme eux ! Pourtant, ils vivent en France depuis 35 ans ! Dans notre collocation, il y a aussi Grégoire. Il est parti de chez lui à 16 ans parce que lui voulait faire de la musique, mais ses parents ne le voulaient pas. Et surtout pas avec des jeunes Noirs ou des Maghrébins ! Et il y a moi, mais tu connais mon histoire.

Tout le monde était sérieux.

– Euh, vous voulez dire que vous êtes tous partis de chez vous ? Et vos parents ne vous ont pas tués ? Ils ne vous ont pas cherchés ?

– Moi, je ne sais pas. Ça fait cinq ans que je n'ai pas vu ma famille, me dit Fred.

– Moi, maintenant, ça va, m'explique Farid. Au début, c'était dur, mais finalement, mes parents ont compris : je suis né en France, je vis en France, donc c'est normal de vivre comme un Français. Libre. Ça ne m'empêche pas d'aimer mes parents, de les respecter, et d'aimer aussi l'Algérie ! D'ailleurs, il y a beaucoup d'enfants d'immigrés qui font les deux : aimer la France, et le pays de leurs parents. Aujourd'hui, ce n'est plus un problème ! On n'est plus obligé de choisir !

– Ben, tu vas expliquer ça à mon père ! Lui, il ne pense pas la même chose !

---

7 une invention → inventer

– C'est normal, petite sœur. Nos parents sont arrivés en France il y a très longtemps. Pour se rassurer, ils se sont installés dans un quartier avec des gens qui leur ressemblent. Et ils sont restés très vietnamiens, mais vietnamiens du siècle dernier ! Ils ne savent même pas que le Vietnam aussi a changé, que c'est un pays plus moderne ! Ils pensent que le Vietnam est toujours aussi pauvre, et sévère, que quand ils y vivaient ! Et aussi : comme ils ne connaissent pas de Français, ils en ont peur. Ils ont peur de la culture française, parce qu'ils ne la connaissent pas vraiment.

– Oui, j'avais déjà compris ça : nos parents sont restés étrangers malgré tout ce temps passé en France !

– Exactement. Par contre, toi, tu vas devoir te décider !

– Pourquoi ? Farid vient de dire que…

– Non, je ne veux pas dire te décider pour ou contre le Vietnam, ou pour ou contre la France !

Mon frère me regarde, très sérieux.

– Mais tu vas devoir répondre à cette question : es-tu une rebelle, An Binh-Julie, ou es-tu une gentille petite fille obéissante ?

---

2 se rassurer *ici* : pour se sentir plus sûr

Chapitre 14 : Résiste !

Le vendredi soir, chez Max

– C'est non, père !

– Pardon ?!!!

– J'ai dit : c'est non, père ! Je ne rentre pas à la maison. Je reste chez Max.

J'ai écouté Max, et j'ai pris une décision. Et maintenant, c'est officiel : An Binh-Julie Nguyen est une rebelle ! Une vraie !

Ça fait trois jours que j'habite chez Max. Le premier soir, j'ai appelé mes parents pour leur dire où j'étais. Je leur ai dit aussi :

– Je ne veux pas rentrer ! Pas si vous m'obligez à vivre comme une étrangère en France, alors que je suis née ici, et que je vous ai toujours obéi !

Ma mère était tellement surprise ! Elle a raccroché sans rien dire ! Le lendemain, ma belle-sœur est venue chez Max, avec des affaires pour moi. Elle m'a dit :

– Tu as raison, An Binh ! Ce n'est pas toujours facile d'être une fille d'immigrés, et tes parents sont vraiment trop sévères ! Mais, euh, ne leur dis pas que j'ai dit ça, hein ? En fait, ils ne savent pas que je suis venue ! Ils pensent que je suis chez le médecin.

Elle nous a dit aussi :

– Luong, les parents disent que tout est de ta faute.

– Et moi ?

– Toi ? Euh, ben… Je ne sais pas. Hier soir, après ton appel, ils n'ont rien dit de la soirée !

Pendant ces trois jours, j'ai continué à aller au collège. Le soir, j'ai beaucoup discuté avec Max et ses copains.

---

5 prendre une décision eine Entscheidung treffen | 12 raccrocher auflegen | 20 Tout est de ta faute ! Du bist an allem schuld! | 22 un appel → appeler

– Tu vois, tu as deux possibilités, m'a dit Max. Première possibilité : tu t'excuses, tu dis, je sais pas moi, que c'est de ma faute, enfin, ce que tu veux. Puis tu rentres à la maison, et après trois ou quatre jours, tout sera oublié, et tout sera comme avant…

– Ou alors ?

– Ou alors, deuxième possibilité : tu résistes ! Tu défends tes opinions ! Tu te bats pour vivre la vie que tu veux vraiment ! Enfin, pour au moins essayer de vivre comme tu veux ! C'est dur, c'est même super dur. Mais c'est ta seule chance de vivre libre.

– Comme toi et tes copains ?

– Oui. On a presque tous des problèmes avec nos familles, mais au moins, on vit comme on veut.

J'ai aussi discuté avec les parents de Manon ! Parce que pour la première fois de ma vie, je suis allée chez une copine un mercredi après-midi !!! Je me sens libre comme l'air…

… mais en même temps, je n'ai que 14 ans, et j'aime ma famille, même si c'est pas toujours facile. Mes parents me manquent, le petit Vinh me manque, et même les nems me manquent ! Alors ce soir, j'ai appelé mes parents. Mon cœur battait très fort.

Mon père n'a rien dit sur mon départ. Mais il m'a demandé :

– Samedi prochain, c'est la fête du Têt. Tes amis de l'association comptent sur toi. Tu viendras, An Binh ?

Sa voix était bizarre. Comme s'il pleurait.

Et c'est là que j'ai dit :

– C'est non, père.

Et nous nous sommes encore disputés pendant une heure, au téléphone.

---

1 une possibilité → possible | **6 résister** Widerstand leisten | **6 une opinion** Meinung | **7 se battre pour qc** für etwas kämpfen | **8 au moins** zumindest | **19 un cœur** Herz | **19 battre** schlagen | **21 La fête du Têt** est la fête du Nouvel An (Neujahr) vietnamien, entre le 21 janvier et le 20 février. | **22 compter sur qn/qc** sich auf jdn/etw verlassen

Chapitre 15 : Le marché

Le vendredi soir suivant

– Tu crois qu'ils vont venir ?
– Je ne sais pas. C'est une idée tellement folle !
– Oui, tu… Oh ! Regarde ! Ce ne sont pas eux ?
– Si ! Max ! Max ! Nos parents sont là ! Regarde !

L'idée, c'était la mienne. C'est le marché que j'ai proposé à mon père au téléphone :

– Si tu veux que je vienne à la fête du Têt et que je danse avec les autres, toi et mère, vous devez venir à un concert de Max !

– QUOI ?!!

J'ai cru que mon père allait mourir au téléphone. Max me regardait avec des yeux tout ronds pendant que je téléphonais avec mon père.

– Oui, c'est comme ça ! Je veux vous voir au bar où ils jouent samedi soir ! Vous ne les avez jamais écoutés ! Mais si les parents veulent que les enfants les respectent, si vous voulez que nous nous intéressions à votre culture, alors, vous devez aussi respecter vos enfants, et vous intéresser à notre culture !

Jamais je n'avais dit une phrase aussi longue à mon père ! Comme il ne répondait pas, j'ai cru que je l'avais tué avec tous ces mots ! J'ai eu tellement peur, j'ai raccroché sans attendre sa réponse ! Et là, incroyable : mes parents sont là ! Pour la première fois de notre vie à tous, ce sont les parents qui vont nous écouter !

Bon, ça n'a pas été le concert du siècle ! Mes parents sont restés toute la soirée avec un verre d'eau dans les mains, et une tête

---

0 un marché *ici* : ein Deal, eine Abmachung | **5 le mien, la mienne** *pronom possessif au sing* der/die/das Meinige/Meine | **11 rond, ronde** rund → **faire les yeux ronds** être étonné, e, surpris, e | **21 incroyable** qu'on ne peut pas croire

comme s'ils allaient mourir dans une heure ! Mais au moins, ils étaient là ! Notre frère et Kim Liên sont venus, eux aussi. Vuong m'a dit :

– Tu sais, vous avez eu raison, toi et Luong-Max. Longtemps, je n'ai pas été d'accord avec vous, mais je crois que j'ai compris. Parce que moi, j'aime bien ma vie, mais si mon fils veut faire autre chose, plus tard, il pourra choisir. La France est un pays libre, alors la maison ne doit pas être une prison.

– Et ta fille ?

Mon frère a souri.

– Kim Liên et moi avons beaucoup discuté. Et c'est nul de dire que les filles, ça ne sert à rien ! Je vais essayer d'être un bon père pour ma fille aussi. Mais…

Vuong m'a regardée avec un grand sourire :

– Tu ne peux pas être un exemple pour elle ! Tu es beaucoup trop rebelle !

Comme mes parents sont venus au concert, moi, je suis allée à la fête du Têt, et j'ai dansé avec l'association. Manon et sa famille étaient là, aussi. Le père de Manon va souvent au Vietnam pour son travail, et il a beaucoup discuté avec mes parents. Il connaît même le village de mes grands-parents !

Après la fête du Têt, j'ai expliqué à mes parents pourquoi le voyage est si important pour moi. Mon père a appelé le père de Manon, puis ma prof, Vuong et Kim Liên étaient de mon côté, et finalement, mon père a accepté, et je vais faire les deux voyages avec le collège !

---

8 **une prison** Gefängnis

Épilogue

Aujourd'hui, Max a organisé une super fête pour l'anniversaire de notre neveu ! Autour d'une grande table, il y a les copains de Max, la famille de Farid, Manon et sa famille, mes nouveaux copains du collège, Simon et Brahim et … ma famille ! Chose incroyable : mes parents sourient ! Ils discutent avec le père de Manon, et ont l'air presque heureux. Maria joue avec Vinh et parle avec ma belle-sœur du bébé qu'elle attend, Manon regarde Grégoire avec des yeux amoureux, Fred et Farid montrent la guitare et la basse à Simon et Brahim… C'est une journée idyllique ! Même les nems que nous avons faits hier avec Kim Liên et ma mère sont délicieux !

Max vient s'asseoir à côté de moi.

– Tu penses à quoi, petite sœur ?

– Je pense que cette grande table ressemble aux grandes tables dans les livres d'Astérix ! Tu sais ? À la fin, quand tout le monde se retrouve pour faire la fête ! Et ce qui est drôle, c'est qu'ici, il y a aussi des Gaulois noirs, ou qui ont les yeux bridés, ou qui s'appellent Brahim !

– C'est normal petite sœur ! Cette table, c'est le miracle de l'intégration ! C'est un peu difficile, parfois, mais c'est tellement bien quand ça marche !

9 **idyllique** parfait | 16 **un Gaulois** Gallier | 18 **un miracle** Wunder

Activités

Avant la lecture et l'écoute

1. **Regardez la photo de la couverture et décrivez-la avec vos propres mots.**

2. **Que savez-vous sur le Vietnam ? Situez ce pays dans le monde. Pour en savoir plus sur ce pays, regardez par exemple la vidéo « Wirtschaftswunder Vietnam » (Arte). Vous trouverez le lien vers cette vidéo sur la plateforme allango.**

3. **Faites des hypothèses sur l'histoire à partir du titre et de la photo de couverture.**

4. **Lisez le texte sur la 4e de couverture (*Klappentext*) puis résumez-le en français.**

Pendant la lecture et l'écoute

Chapitre 1

1. Écoutez le chapitre 1 une première fois et cochez les bonnes réponses sans regarder dans votre livre. Il peut y avoir plusieurs bonnes réponses.

a) La narratrice (*Erzählerin*) est née
☐ en France. ☐ au Vietnam. ☐ à Paris.

b) Au collège, on l'appelle
☐ An Binh. ☐ Élie. ☐ Julie. ☐ Marie.

c) Son vrai prénom, c'est
☐ An Binh. ☐ Élie. ☐ Julie. ☐ Marie.

d) Ses parents sont
☐ immigrés. ☐ français. ☐ vietnamiens.

2. Écoutez le chapitre 1 une deuxième fois et complétez le tableau.

La narratrice…

aime	n'aime pas

3. **Lisez maintenant le premier chapitre et vérifiez vos réponses aux activités 1 et 2.**

4. **Faites une fiche informative sur la narratrice et complétez-la pendant votre lecture du roman. Votre fiche peut avoir les catégories suivantes : âge, famille, lieu de vie, caractère, amis/amies, hobbys. Vous pouvez aussi dessiner son portrait physique.**

5. **Expliquez pourquoi, à votre avis, la narratrice a un prénom différent au collège.**

Chapitre 2

1. Lisez le chapitre 2. Faites les activités suivantes.

a) Surlignez les sept informations fausses dans le résumé ci-dessous puis écrivez le résumé corrigé dans votre cahier.

Les parents d'An Binh sont arrivés en France en 1975 parce qu'il y avait la guerre entre les Vietnamiens de l'Ouest et les Vietnamiens de l'Est. Les parents d'An Binh ont pris l'avion pour venir en France. Leur voyage n'a pas été long et dangereux. Les parents d'An Binh se sont rencontrés pendant leur voyage. Ils étaient très jeunes : son père avait 15 ans et sa mère 14 ans. Ils se sont mariés parce qu'ils s'aimaient beaucoup.

b) Répondez aux questions suivantes sous forme de phrases complètes :

1) Pour An Binh, ses parents ont l'air très vieux. Expliquez pourquoi.
2) An Binh a fait le portrait de ses parents au collège. Expliquez pourquoi elle a eu une heure de colle.

2. Faites une fiche informative sur les parents d'An Binh sur le modèle de votre fiche sur An Binh. Vous pouvez aussi les imaginer et dessiner leur portrait.

3. Fermez votre livre et écoutez le chapitre 2 deux fois. La deuxième fois, tapez doucement (*sanft*) sur la table quand vous entendez le mot « parents ».

En plus

a) Lisez ce texte sur les *boat people* vietnamiens.

Während der zweiten Hälfte des 20. Jahrhunderts herrschte in der Region der heutigen Vietnams lange Jahre Krieg. Der letzte Krieg (1965 bis 1975) endete mit dem Sieg des kommunistischen Nordens, gegen den einst von Frankreich kolonialisierten, und im Krieg von den Amerikanern unterstützten Süden. Aus Angst vor Strafmaßnahmen und auch, weil Armut und Hunger das Land plagten, flüchteten fast zwei Millionen Südvietnamesen auf kleinen, ungeeigneten Booten über das Chinesische Meer. Deshalb nennt man diese Flüchtlinge „boat people" (Bootsmenschen). Knapp ein Viertel von ihnen starb auf hoher See, die anderen fanden Asyl in Nordamerika und in Europa, insbesondere in Frankreich.

b) En groupe, choisissez une région d'où viennent les réfugiés arrivés en Europe ces dix dernières années. Faites des recherches sur les raisons de leur migration vers l'Europe et faites un court exposé qui répond à ces questions :
- Aujourd'hui, d'où viennent les personnes qui cherchent refuge en Europe ?
- Pourquoi quittent-elles leur pays ?
- Comment arrivent-elles en Europe ?

Chapitre 3

1. Écoutez le chapitre 3, puis cochez si les informations sont vraies ou fausses.

a) An Binh a trois frères, plus grands et plus âgés qu'elle.
☐ vrai ☐ faux

____

b) Vuong a 18 ans et il est marié.
☐ vrai ☐ faux

____

c) Le deuxième frère d'An Binh s'appelle Luong, mais il veut qu'on l'appelle Charles.
☐ vrai ☐ faux

____

d) Luong a 24 ans.
☐ vrai ☐ faux

____

e) Il joue de la musique et habite avec des copains à Montreuil.
☐ vrai ☐ faux

____

f) An Binh ne voit pas souvent Max.
☐ vrai ☐ faux

____

2. Maintenant, lisez le chapitre 3 et vérifiez vos réponses à l'activité 1. Corrigez les informations fausses.

3. Complétez le texte sur les frères d'An Binh.

Vuong, sa femme ____________ ____________ et leur fils ________________ habitent dans le même ______________________ qu'An Binh et ses parents. Vuong travaille avec son ______________ dans leur ______________________ asiatique. Il est ______________________ et gentil.

Luong, qui veut qu'on l'appelle ______________, aime jouer de la musique et habite avec des ______________________. Il travaille comme ______________________ en ______________ le jour, et le ______________, il joue de la musique dans des ______________.

4. **Complétez votre fiche sur An Binh et commencez une fiche informative sur les frères d'An Binh.**

5. **Avez-vous des frères et sœurs ? Si oui, est-ce qu'ils sont très différents de vous ? Faites un court portrait de vos frères et sœurs puis présentez-les à un ou une camarade.**

Chapitre 4

1. Avant la lecture du chapitre :
Imaginez la vie sociale d'An Binh.

a) Est-ce qu'elle a des amis/amies ?

b) Est-ce qu'elle a des hobbys ? Si oui : lesquels ?

c) Formez un groupe de trois élèves pour expliquer et discuter de vos idées.

2. Lisez le chapitre 4, puis, sans regarder dans votre livre, écrivez les mots qui manquent dans les phrases suivantes.

a) Au collège, An Binh n'a pas beaucoup d'☐ _ _ _ , et elle pense que c'est parce qu'elle est trop _ _ _ _ _ _.

b) Elle va dans une association où elle découvre la culture de ses parents, comme la musique et les _ _ _ ☐ _ _ traditionnelles vietnamiennes.

c) La jeune fille aimerait avoir des _ _ _ _ _ _ _ qui ne seraient pas vietnamiennes, mais ça n'est pas _ _ _ ☐ _ _ .

d) An Binh est __ __ ☐ en France, elle est française, mais ses

parents sont __ __ __ __ __ __ __ __ __ __ __ . Et pour

eux, il est important de respecter les traditions de leur pays

d'origine.

e) Comparez vos réponses avec celles d'un/une camarade. Relisez le chapitre 4 si nécessaire (*wenn nötig*). Les lettres colorées des mots de l'activité 3 forment un mot. Écrivez-les et lisez la définition du mot.

L'__ __ __ __ *(f)* est le continent sur lequel se trouve le pays d'origine des parents d'An Binh.

5. Travaillez à deux. Partenaire A : Lisez p. 12, l. 1-9 et indiquez le point de vue de Max sur le communautarisme en France. Partenaire B : Lisez p. 14, l. 1-9 et indiquez le point de vue d'An Binh sur le communautarisme qu'elle voit autour d'elle. Présentez vos réponses.

En plus

a) Faites des recherches sur l'équipe de foot « black, blanc, beur » et présentez-la. De quelles origines étaient les joueurs ?

b) Avez-vous une équipe de foot préférée ? Si vous n'en avez pas, choisissez une équipe de sport connue dans votre pays. Est-ce que l'origine des joueurs est importante pour vous ? Expliquez pourquoi.

Chapitre 5

1. Lisez le chapitre 5 puis faites les activités suivantes.

a) Relisez le chapitre 5 et écrivez dans la colonne de gauche toutes les expressions-clés sur la vie de « Julie », dans la colonne de droite celles sur la vie d'An Binh.

Julie	An Binh

b) Indiquez le point commun aux deux vies d'An Binh.

c) À votre avis, est-ce que la vie d'An Binh est plutôt facile ou difficile ? Discutez-en avec un/une partenaire et justifiez votre point de vue avec des citations du texte.

En plus

À la fin du chapitre, An Binh dit :
« Pour mes parents, c'est peut-être bien, comme ça, mais en même temps, c'est comme s'ils n'étaient jamais montés sur un petit bateau. Comme s'ils n'avaient jamais risqué leur vie pour s'enfuir… » (p. 18, l. 18-21).
Est-ce que vous êtes d'accord avec elle ?
Justifiez votre opinion.

Chapitre 6

1. Lisez le chapitre 6 jusqu'à la page 21, ligne 2 et faites les activités suivantes :

a) Cochez les bonnes réponses sans regarder dans votre livre. Plusieurs réponses sont possibles.

1) Monsieur Dunol
- ☐ ne dit rien.
- ☐ aime bien les élèves.
- ☐ appellent les élèves « les enfants ».

2) Les thèmes du cours d'histoire, ce sont
- ☐ la révolution industrielle,
- ☐ l'immigration en France,
- ☐ la guerre de Trente ans,
- ☐ les guerres du 20e siècle.

3) Les élèves donnent ces exemples de guerre :
- ☐ la Deuxième Guerre mondiale,
- ☐ la guerre d'Espagne,
- ☐ la guerre d'Algérie,
- ☐ la guerre de Tchétchénie,
- ☐ la guerre du Vietnam,
- ☐ la guerre de Yougoslavie

4) Selon M. Dunol, l'histoire des guerres explique en partie
- ☐ les colonies.
- ☐ les migrations.
- ☐ les conflits.

b) Indiquez des dates des guerres dont les élèves parlent dans ce passage du texte.

2. Lisez la suite du chapitre 6 et cochez si les informations sont vraies ou fausses. Corrigez quand c'est faux.

a) An Binh connaît le Vietnam par cœur.
☐ vrai ☐ faux

____

b) Elle accepte de faire un exposé sur la guerre du Vietnam.
☐ vrai ☐ faux

____

c) La famille de Brahim vient d'Algérie.
☐ vrai ☐ faux

____

3. Expliquez en quelques phrases pourquoi An Binh ne veut pas parler du Vietnam.

4. Discutez à deux : Est-ce que vous comprenez la décision d'An Binh ?

Chapitre 7

1. Écoutez le chapitre 7 puis cochez le résumé correct.

☐ a) An Binh raconte qu'elle a fait des sushis pour le prof de français.

☐ b) An Binh parle des préjugés (*mpl, Vorurteil*) sur les personnes d'origine asiatique.

☐ c) An Binh explique pourquoi les Vietnamiens ne mangent pas de sushis.

2. Lisez maintenant le chapitre 7 et vérifiez votre réponse à l'activité 1. Puis cochez si les informations sont vraies ou fausses et corrigez si c'est faux.

a) La classe d'An Binh aime monsieur Samouar.
☐ vrai ☐ faux

____

b) M. Samouar pense qu'An Binh est japonaise.
☐ vrai ☐ faux

____

c) Farid et Simon ont rigolé.
☐ vrai ☐ faux

____

d) Des personnes ont dit des choses méchantes à An Binh parce qu'elle est d'origine asiatique.
☐ vrai ☐ faux

---

e) An Binh pense qu'elle doit rester discrète.
☐ vrai ☐ faux

---

3. Parce qu'elle a les yeux bridés, M. Samouar pense qu'An Binh est japonaise et qu'elle mange des sushis. On appelle cela avoir des préjugés sur un groupe de personnes. Donnez d'autres exemples de préjugés que vous connaissez et commentez-les: quelles sont les conséquences négatives de ces préjugés ?

4. Commentez le comportement d'An Binh avec M. Samouar.

Chapitre 8

1. Lisez le chapitre 8 et faites les activités suivantes.

a) Cochez la bonne réponse.
Parfois, Max
- ☐ va avec sa sœur au collège.
- ☐ vient chercher sa sœur au collège.
- ☐ fait du vélo avec sa sœur.

b) Max et An Binh parlent de préjugés. Indiquez-les.

____

____

____

____

c) Comparez cette liste de préjugés aux préjugés que vous avez indiqués dans l'activité 3 sur le chapitre 7. Discutez de cette liste avec un/une partenaire.

d) Relisez le passage p. 27, l. 1-5. Selon Max, qu'est-ce qui explique le comportement (Verhalten) de M. Dunol, de M. Samouar, et des parents Nguyen ? Notez les réponses de Max.

____

____

____

____

e) Êtes-vous d'accord avec Max ? Formez un groupe de trois ou quatre et comparez vos points de vue.

f) Complétez le résumé.

Quand Max vient manger chez ses parents, sa famille ne sait

pas comment p______________________ avec lui. Selon

Max, c'est parce que ses parents ont p_______________

de lui, ils ont des p______________________

sur les m______________________ et sur ses

a_______________. Mais c'est parce qu'ils ne

c_____________________________ ni sa musique ni ses

amis.

g) Expliquez avec vos propres mots pourquoi An Binh pense que Max a peut-être raison, finalement.

2. Écoutez le chapitre 8 plusieurs fois puis à deux, jouez le dialogue entre Max et An Binh.

Chapitre 9

1. Lisez le début du chapitre 9 jusqu'à la ligne 21 puis répondez aux questions.

a) Qu'est-ce qui a changé pour An Binh depuis qu'elle a dit « non » à Monsieur Dunol ?

b) Être discret, pour Manon, c'est bien ou pas ? Expliquez.

2. Lisez le reste du chapitre puis complétez le résumé sans regarder dans votre livre.

Au début de la soirée, An Binh est de b__________________ humeur. Comme d'h__________________ elle fait ses d__________________ puis elle aide ses parents. À table, Vuong annonce « une bonne n__________________ pour la famille » : sa femme et lui vont avoir un b__________________. Il demande à An Binh si elle est c__________________ parce qu'elle va s'__________________ plus de Vinh. Mais

An Binh n'est pas h______________________________ car elle

doit toujours t____________________________________.

3. **À deux, comparez vos réponses à l'activité 2.**

4. **Qu'est-ce que vous pensez de la réaction d'An Binh à la nouvelle de Vuong ? Pourquoi ? Discutez-en avec un/une partenaire.**

5. **Complétez vos fiches sur An Binh, ses frères et ses parents.**

Chapitre 10

1. Lisez le début du chapitre 10 jusqu'à la ligne 21 puis cochez si les informations sont vraies ou fausses. Corrigez quand elles sont fausses.

a) Quand elle apprend qu'elle va avoir une fille, la belle-sœur d'An Binh pleure toute la soirée.
☐ vrai ☐ faux

____

b) Vuong et ses parents sont heureux d'avoir une fille.
☐ vrai ☐ faux

____

c) An Binh ne comprend pas pourquoi sa famille est heureuse.
☐ vrai ☐ faux

____

d) Vuong trouve qu'une fille, c'est bien !
☐ vrai ☐ faux

____

2. Lisez la suite du chapitre puis faites les activités suivantes.

a) Cochez la bonne réponse.
Pour la famille d'An Binh, les filles coûtent trop d'argent parce qu'il faut payer
- ☐ leurs études.
- ☐ leur mariage.
- ☐ leurs hobbys.

3. Répondez aux questions suivantes sous forme de phrases complètes :

a) An Binh veut consoler ses parents. Qu'est-ce qu'elle leur dit ?

b) Quelle est la réaction de son père ?

c) Pourquoi est-ce qu'An Binh est choquée ?

En plus

Le soir, An Binh appelle Manon pour lui raconter sa soirée. Imaginez leur dialogue et jouez-le.

Chapitre 11

1. Lisez le début du chapitre 11 jusqu'à la ligne 20. Fermez votre livre et faites les activités suivantes.

a) Complétez.

Au collège, An Binh et Manon sont les

______________________________ copines du monde. Depuis

qu'elle est moins ________________________, les autres élèves

______________________________ aussi An Binh.

b) Surlignez les six informations fausses dans le résumé et écrivez le résumé corrigé dans votre cahier.

La prof de français a annoncé aux élèves qu'ils allaient partir au Maroc et en Espagne. C'est l'Office Franco-Allemand pour les Marocains qui aident les collégiens à voyager. Les élèves français et allemands iront d'abord au Maroc, puis les Allemands et les Marocains iront en Allemagne, et enfin les Marocains et les Français iront en France.

c) Imaginez que vous êtes dans la classe d'An Binh : quelle est votre réaction à l'annonce de la prof d'allemand ? Expliquez.

Je suis
- ☐ enthousiaste
- ☐ peu motivé, e
- ☐ déçu, e
- ☐ triste

parce que…

2. Lisez le reste du chapitre 11. Décrivez les réactions de Mohammed, Fanny, An Binh et Naïma. Utilisez les adjectifs de l'activité 1c) et expliquez leur réaction.

3. À deux, mettez-vous à la place d'An Binh et de son père.

a) Cherchez des arguments pour et contre les voyages d'An Binh.

b) Imaginez le dialogue entre An Binh et son père puis jouez-le.

Chapitre 12

1. Écoutez le chapitre 12. Cochez le bon résumé.

a) ☐ Le père d'An Binh est d'accord, An Binh est heureuse.

b) ☐ Le père d'An Binh n'est pas d'accord mais An Binh comprend sa décision. Ils restent calmes.

c) ☐ Le père d'An Binh n'est pas d'accord et An Binh n'accepte pas sa décision. Ils crient.

2. Lisez maintenant le chapitre 12, puis faites les activités.

a) Notez les arguments du père et ceux d'An Binh.

Arguments du père	Arguments d'An Binh

b) Comparez ces arguments avec ceux que vous avez trouvés dans l'activité 3 p. 69.

c) Répondez aux questions.

1) Que va faire An Binh pendant le voyage scolaire ?
2) Qu'est-ce qu'elle voit dans sa tête quand son père lui dit non ?
3) Qu'est-ce qu'elle veut être ?
4) Qu'est-ce qu'elle fait à la fin du chapitre ? Où est-ce qu'elle va aller, à votre avis ?

Chapitre 13

1. Lisez le chapitre 13 jusqu'à la ligne 24. Puis cochez la bonne réponse.

a) Max
- ☐ est fier de sa sœur.
- ☐ ne comprend pas sa sœur.
- ☐ est un peu énervé.

b) Qu'est-ce que Max a fait pour calmer An Binh ?
- ☐ Il lui a chanté une chanson.
- ☐ Il lui a fait un chocolat chaud.
- ☐ Il n'a rien fait.

c) Complétez la phrase.

Pour Max et son copain, An Binh est maintenant une

____.

2. Lisez maintenant la suite du chapitre 13 et répondez aux questions suivantes.

a) Indiquez le nom des copains de Max.

b) Indiquez leurs origines

c) Expliquez pourquoi est-ce qu'ils ne vivent plus avec leurs parents.

3. Relisez le chapitre 13 en entier.

a) Trouvez dans le chapitre des synonymes de :

– « partir » :

____

– « faire ce que dit qn » :

____

b) Faites un filet de mots sur le thème de la rébellion.

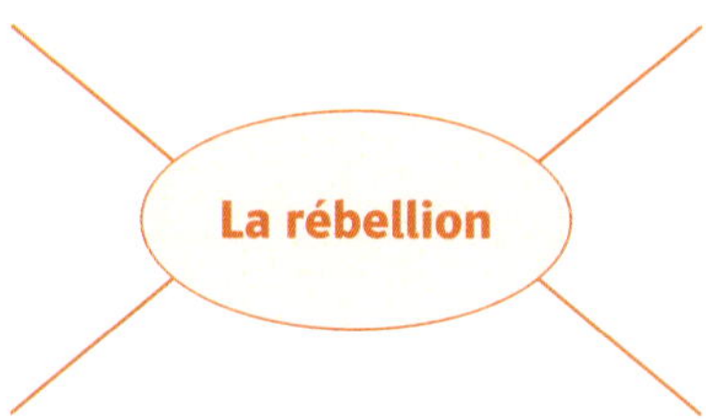

Chapitre 14

1. Écoutez le chapitre 14 puis cochez si les informations sont vraies ou fausses sans regarder dans votre livre.

a) An Binh rentre à la maison.
☐ vrai ☐ faux

b) Max donne des conseils à An Binh.
☐ vrai ☐ faux

c) An Binh a discuté avec les parents de Farid.
☐ vrai ☐ faux

d) Sa famille lui manque.
☐ vrai ☐ faux

e) Elle va aller à la fête du Têt.
☐ vrai ☐ faux

2. Lisez maintenant le chapitre 14.

a) Vérifiez vos réponses à l'activité 1 et corrigez les informations fausses.

b) Écrivez les mots qui manquent dans les phrases suivantes.

1) An Binh a écouté son frère et a __ ☐ __ __ une décision : elle __ ☐ __ __ __ chez son frère.

2) Sa ☐ __ __ __ __ -sœur comprend sa rébellion.

3) La journée, elle va au __ __ __ __ __ __ ☐ et le soir, __ ☐ ☐ __ discute avec son frère et ses __ __ __ __ __ __ __.

4) Elle se sent __ __ __ __ ☐ .

c) Les lettres colorées des mots que vous avez trouvés dans l'activité 3 forment un mot. Écrivez-les et lisez la définition du mot.

Un ou une __ __ __ __ __ __ __ est une personne qui décide de se battre contre l'autorité, et désobéit aux ordres qu'il ou elle trouve injustes.

3. Imaginez la suite de l'histoire : Est-ce qu'An Binh va aller à la fête du Têt ? Est-ce qu'elle va retourner chez ses parents ?

Chapitre 15

1. Lisez le chapitre 15, puis faites les activités suivantes sans regarder dans votre livre.

a) An Binh pose des conditions à ses parents. Complétez les phrases.

1) « Si vous voulez que je danse à la fête du Têt, alors vous

____ ».

2) « Si vous voulez que nous vous respections, alors vous

____ ».

b) Complétez.
Les parents
☐ ne sont pas venus au concert.
☐ sont venus et ont adoré le concert.
☐ sont venus mais n'ont pas vraiment aimé le concert.

c) Luong et sa femme sont venus au concert. Décrivez la réaction de Luong. Aidez-vous des expressions suivantes.

comprendre – laisser le choix à qn – être un bon parent – être un bon/mauvais exemple

d) Complétez le résumé.

Comme les parents d'An Binh sont v________________

au concert, An Binh est a________________ à la fête

du Têt. Manon et ses p________________.

sont aussi venus. Les parents des filles ont

d________________. Le père de Manon

connaît même le v________________ des

g________________-p________________

d'An Binh.

e) Indiquez la bonne nouvelle pour An Binh à la fin du chapitre.

f) À deux, imaginez la conversation du père avec un des personnages suivants :
- Vuong
- Le père de Manon
- La prof d'An Binh

Puis jouez votre dialogue devant la classe.

Épilogue

1. Écoutez l'épilogue et faites les activités suivantes.

a) Cochez si les informations sont vraies ou fausses.

1) Max a organisé une fête pour l'anniversaire de sa sœur.
☐ vrai ☐ faux

2) Les parents d'An Binh ont l'air heureux.
☐ vrai ☐ faux

b) Cochez la bonne réponse.
Selon Max, l'intégration, c'est…
☐ toujours difficile et ça ne marche jamais.
☐ souvent difficile mais cela marche parfois.
☐ parfois un peu difficile mais c'est super quand ça marche.

2. Lisez l'épilogue et vérifiez vos réponses aux activités 1 a) et b).

3. Résumez la dernière page de la lecture avec vos propres mots : Qu'est-ce qui se passe ? À quoi est-ce que cela fait penser An Binh ? Quelle est la conclusion de l'épilogue ?

Après la lecture et l'écoute

1. Résumez le roman. Aidez-vous de vos fiches sur les personnages et des réponses aux activités corrigées.

2. Est-ce que vous avez aimé lire et écouter cette histoire ? Expliquez pourquoi (pas).

3. Connaissez-vous une personne qui grandit dans deux cultures très différentes ? Est-ce qu'elle a les mêmes problèmes qu'An Binh ? Expliquez pourquoi.

4. Au choix :

a) Créez une affiche/une vidéo/un podcast sur *An Binh se rebelle.*

b) À trois ou quatre, choisissez un chapitre que vous trouvez important et jouez-le.

c) Faites un exposé/une vidéo sur les communautés asiatiques en France/la fête du Têt.

d) Imaginez An Binh dans dix ans : Où est-ce qu'elle vit ? Avec qui ? Quelles sont ses occupations ? Quels sont ses problèmes ? Quels sont ses succès ?

Liste des abréviations

etw	etwas
f	féminin
fam	familier
jdm	jemandem
jdn	jemanden
m	masculin
mpl	masculin pluriel
qc	quelque chose
qn	quelqu'un